Made in the USA
Las Vegas, NV
25 April 2023

71061297R00070